JN411326

유동승 시집

금빵여우로 읽는다

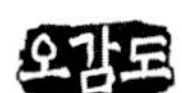

☪ 금빵여우로 읽는다

지은이 • 유동승

펴낸이 • 강옥현

주　간 • 양재일

발행처 • 도서출판 오감도

초판인쇄 • 2020년 10월 27일

초판발행 • 2020년 10월 30일

전화 • 070-7778-2591　010-3206-2591

팩스 • (031) 775-0161

출판 등록일 • 일제 10-1651(98. 10. 15)

서울시 중구 을지로3가 268 유일빌딩 604호

ISBN 978-89-5698-385-1 03810

값 10,000원

시인의 말

옷장 속에 묵혀 두었던 볼레로 자켓이
입고 있는 꽃무늬 원피스와
잘 어울린다는 것을 알았을 때의
기쁨처럼

단 한 사람이라도 공감할 수 있다면
참 행복할 것 같다

2020년 가을
유동승

2

3

4

5

1

유리벽

베란다 없는 안전펜스 위에 까치가 앉았다

긴 꽁지를 말간 유리창에 기댄 채
가로수 헐벗은 4차선 도로에 시선이 꽂혀 있다

카메라 줌을 당기고 각도를 바꿔가며
동영상을 찍는다

문을 열고 다가가면 날아가 버릴까
손짓으로 어르고 달래보지만
까치는 움직임이 없다

서로가 훤히 보이지만
나갈 수도 들어올 수도 없는 유리문이
청력까지 막았나 보다

동영상 속에 검은색 흰색 선명한
까치의 날카로운 부리에는 소리가 없다

가깝고도 먼 유리창의 안과 밖
여의도 뉴스 단골이다

돌확의 얼룩

흙먼지 털어내고
우묵한 돌확에 물 한 바가지 쏟아 부으니
누르고 있던 얼룩이 울컥한다

붉은 고춧물보다 맵고
익모초처럼 쓴 층층시하 시집살이
자그마한 돌확에 밀어 넣고
단단한 절구공이로 콩 콩 콩
수도 없이 찧었을 테지

설움과 울분 으스러져라 찧어댔을
돌확의 시퍼런 얼룩들
따뜻한 물로도 세제로도
쉽게 지워지지 않는다

요양원 정원에 우두커니 앉은 돌확
거뭇거뭇 얼룩진 얼굴, 얼굴들

크림달

동그란 크림빵을 둘로 나눈다

크림은 늘 한쪽으로 기울고
붙였다 뗐다 수없이 반복해도
한 눈금씩 엇갈린다

엇갈리는 생각은 때로
등 돌린 세상처럼 막막하고 두려운
어둠의 허공이다

언제쯤 똑같이 나눌 수 있을까

잘 붙여진 크림빵처럼
빈 하늘에 다시 차오르는 하얀 달
달콤한 크림 창 안에 가득하다

소음바다

아파트 앞 4차선 도로를
바다로 만드는 데는 두 해가 걸렸어

초인종 전화벨 라디오 소리
소란스런 층간소음을 뚫고
무작정 돌진해오는 자동차 소리에
창을 꼭꼭 닫곤 했지

냉방기를 거부한 거실
소리보다 더 무서운 건 폭염특보 열대야
엉덩이에 돋은 땀띠가 잠근 창문을 열었지

소음이 만들어준 밤바다
새로 세운 등대가 먼 동해로 물꼬를 튼다

빗소리도 올라 다니지 않던 14층
시원한 파도 소리에 인어공주가 되어본다

장미묵주

밀고 당기던 말 줄다리기 팽개치고
팽팽한 고집처럼 앉아있는 버스 옆자리
중년신사가 장미묵주를 돌리고 있다

한동안 쉬고 있던 묵주기도를 대신하듯
중년신사의 손가락을 따라 해본다
줄줄 외웠던 기도문이 턱턱 매듭에 걸려
쉽사리 턱을 넘지 못하는데
차창 밖에는 나무들도 집들도 세월 흐르듯 지나간다

내 속에 웅크린 햇살 한 줌
잊었던 사랑의 붉은 이파리를 뒤적인다

마음의 빚 다 청산했을까
간사의 기도처럼 술술 돌아가는 저 신사의 묵주알
밀고 당기던 고집이 머쓱해진다

우체국 가는 길

개나리 어깨춤 한창인 울타리 따라
가던 길 주저앉힌 한 무더기 보라제비꽃
물기 젖은 입맞춤에
곁방살이 냉이꽃도 얼굴 내민다

'당신도 꽃처럼 흔들려 보세요'
어제는 보지 못한 미용실 현수막이
엉덩이를 살랑댄다

흔들어 보라고 봄바람인가
젖어 보라고 봄비인가
잘 쓰지도 못할 시를 기웃대느라
어깨 가린 우산 속에 엉거주춤
둘러멘 거북가방을
톡톡 치고 달아나는 빗방울

누가 볼까?

서둘러 걷는 가슴엔 마구 쏟아지는 하트

보도블록 사이에 심어두고 남은 초록 꿈

하트를 동봉한 여행티켓 한 장 넣어

노랑 초록 민들레우표를 붙여본다

투명인간

죽도시장 중앙 넓은 골목에
보릿단처럼 둘둘 묶은 사내가 엎드려 있다

등허리인 듯 무릎인 듯 의지한 널빤지
볼륨 치켜 받든 찬송가에 어둠이 내리는데
동동거리며 지나는 발목들은 주인이 없다

엎드린 자와 서서 걷는 자 사이에
교감은 실종된 지 오래다

주름 잡힌 해를 떠나보내며
동전 한 닢의 오기도 심드렁한 파장 무렵
굶는 자도 없고 눈치 보는 가난도 없다는
선진국은 날로 상기되고
발목들의 주인은 여전히 가난해

바닥에 엎드린 사내가
사람들의 눈에는 보이질 않는다

젖은 말

더운 바람 찬 바람 번갈아 드라이기로 말려도
좀처럼 마르지 않는 말

공놀이 하듯 가볍던 던지던 말
아―가 나―로 번지고
어―가 너―로 읽혀졌다

바람에 말리고 볕에 말려도
보여줄 수 있는 건 뒷모습뿐

마음을 자르는 일은
암각화를 새기는 일
차라리 젖은 말에 다시 젖어본다
나―가 아로
너―가 어로 번져간다

유턴

수목원 전망대 S자로 이어지는 둘레길
39도 폭염이 브레이크를 잡는다

길게 뻗은 녹음 따라
두어 시간 걸어서 만나는 계곡과
향로봉 꽃밭등을 거쳐 내려오는 좁은 길과
손을 잡는 쉼터 나무그늘이
땀에 젖은 옷을 벗긴다

숲도 나무도 망설임 없이 뛰어든 계곡물에
첨벙첨벙 발을 담근다

기다리기라도 한 걸까
물고기들 굳은살로 볼품없는 발가락을 톡톡 친다
창모자도 벗고 앞머리도 걷어 올린 입꼬리가
살짝 올라간다

너럭바위를 뛰어내리는 물소리
어릴 적 두레상의 얼음냉국처럼 시원하다

팔랑대는 나뭇잎과 매미들의 불협화음
돌림노래로 이어지고
샌드위치 인생 베이비부머의 직진도
잠시 황색 점멸등이다

질기게 엉켜있던 어제의 고집이 어느새 순해진다
푸드덕 날아오르는 산새
하늘우물에 U자를 써두고 하얀 화살로 돌아온다

왔던 길 뒤돌아보며 삶의 엑셀을 힘껏 밟아본다

타이밍

살면서 중요한 건 타이밍이라는데
앞만 보고 달려드는 남자는 너무 빠르고
확실하게 덮치겠다는 여자는 너무 느리다
자기 뺨 몇 대 치고 발끈한 인내심
꼭꼭 걸어 잠갔던 밤의
스위치가 올라간다
엥~엥~엥
면과 각에서
벽과 구석에서
바닥과 천장에서
밝음과 어둠을 이용한 현란한 속임수에
길게 늘어난 여름밤이 따라다닌다

탁! 탁! 탁!
기도하듯 연신 두 손을 모았다 폈다
타이밍을 맞추는 남자와 여자

빈 소주병

인적 드문 겨울산은 음산하다
마른 가지를 툭툭 치며 아는 체를 하는
상수리나무숲 지나 내리막길
天자 닮은 저수지는 동안거 중

물비늘 뒤적이며 마음 내려놓던
새 떼들 남녘으로 보내고
긴 나무의자에 기대앉던 산 그림자도
산등성이 넘는 석양을 따라가고
언 입마저 닫아버린 천마지
일없이 던진 돌멩이 구르는 소리에
칼바람이 짱짱 운다

얼얼한 걸음 서둘러 내려선 공원 입구
이름표 팔락이는 파란 작업복
해고장 받아든 가장家長처럼
목구멍까지 차오르는 상처를 삼키고 있다

장마

일기예보는 어긋나지 않았다
창을 단단히 닫아걸고 라디오 볼륨을 키웠다
한 바가지 근심을 커피와 바꾼다

아파트 담벼락에 알록달록 줄을 맞춘
일일장터 그늘천막을 밀고 당기고 흔들어대며
간간이 몰아치던 돌풍이 비를 몰고 온다

넉살로 흥 돋우던 양말오빠
친근한 입담으로 발목 잡던 어묵아줌마
만 원 받던 넘인디 오천 원에 줄랑께, 천 원!
수박아저씨의 구수한 사투리
뻥튀기처럼 정을 부풀리던 장터가 젖고 있다

힘겨운 일은 언제나 가난의 몫
한 발짝 물러설 틈도 주지 않는 일방적 공격을

막아보려는 상인들
천막과 몸이 함께 뒤집힌다

마수걸이도 없는 파장이다

패전한 씨름선수가 풀어 던진 샅바처럼
흐트러진 천막의 밧줄
노숙 아닌 궁색이라도 먹고 사는 게 어디냐고
철썩철썩 철망울타리를 두드린다

창가를 물러나 제습기 버튼을 누른다
젖은 장터가 따라와 빈 커피잔을 채우고 있다

담배나물

금연 아파트 담벼락 아래 무리 지은 망초꽃
하얀 꽃 무더기 너비로 널브러진 담배꽁초

누가 버렸을까?
지나는 사람들마다 눈살 찌푸린다

망초는 가장 일찍 일어나 문을 열고
가장 늦게 문을 닫는다는데
비바람 몰아치는 날에도
꽃을 접지 않는다는데

발치 끝에 꽁초 잔뜩 숨겨놓은
망초더미 앞에서 쯧 쯧 쯧
나물도 못 해 먹을 개초라고
혀를 차는 청소부 아저씨
애꿎은 망초를 용의자로 몬다

갇힌 봄

노량진 여성 전용 고시텔
호실마다 장미 채송화 모란 분꽃…
명찰을 달고 있다

스무 해 반을 넘기고도
피워보지 못한 봉오리

목마른 화분들 아직은 이름만 꽃

봄날은 또 간다

내 집 마련

빈곤의 길이를 덮을 수 없는 날개는
무엇이든 잡아야 한다고 온 힘 부리에 모았다

오래 습득한 지식으로
집 한 채는 잡을 수 있을 거라고
아파트 2층 상가 슬래브 집 틈새를
콕콕콕 찍고 다녔다

천장과 지붕 사이
벽과 벽 사이
바닥과 바닥 사이
콘크리트 단단한 결속에 오늘도
부리는 깎이고 닳는데

대숲엔 서걱서걱 태엽시계 돌아가고
울타리 호박잎도 잡혀갔다

동남아 여행 떠난 빈 제비 둥지에 잠시 세 들어
불안한 잠 고르는 참새
제 날개를 부싯돌처럼 비비고 산다

네트워킹

단말기 연결음과 네트워크에 문제가 생겼다
어느 기지국의 오류일까

베란다 안전망을 뚫고
거실 바닥에 칸칸이 드리운 저 햇살처럼
헝클어진 머릿속 가지런해질 수 있으면
속에서만 윙윙거리는 말 다 뱉어낼 수 있을 텐데
그러면 고해성사 보듯 가슴으로 엎드릴 텐데

천륜이나 인륜이나
대나무처럼 하나로 연결된 뿌리

가슴에만 웅얼거리는 말은
그냥 묻어두는 거라고?
당분간 접속 불가
빗나간 말, 어긋난 감정의 기지국을 닫는다

2

시인의 남편

아침 설거지 중에 부르는 소리가 다급하다
세제 묻은 손을 닦을 새도 없이 달려가 보니
거실 창 안전펜스 위에 까치 한 마리 앉아있다

춥지 않니?
아침밥은 먹었니?
누굴 기다리니?
혼잣말 자근자근 건네던 남편
까치가 날아갈까 막아서며 얼른 시를 써보란다

액자 속 정물처럼 앉아있는 까치와
나를 관객으로
낭송가의 흉내를 내며 큰 소리로 읊는다

가 만 히 오 는 비 가 낙 수 져 서 소 리 하 니
오 마 지 안 흔 이 가 하 릴 업 시 기 다 려 져…

연애 시절 떠올라 겸연쩍게 웃어 넘겼지만

까치가 앉았던 난간엔 온종일 시가 기웃거린다

결혼기념일

내키는 대로 읽는 버릇이 있는 나는
보석 체인점을 지날 때마다
금방여우라고 적힌 간판을 금빵여우로 읽었다

저녁이나 먹자며 나선 결혼기념일
'금방여우' 앞을 지나며
금빵여우 금빵여우 금빵여우…
중얼거리는 남편
금방에서 막 나온 예쁜 신부를 상상하는 건지
털옷 입은 아줌마들 모습이 곰 같다더니
설마, 나 들으라는 말은 아닐 거야

신혼은 너무나 말간해서 가건물 같았지
사랑의 징표를 들고 쭈뼛쭈뼛 찾아간 포항극장 뒤
저녁에도 금은방은 눈이 부셔서 두 눈을 찡긋찡긋
옹색함을 포장하기 좋았어

상여금 타면 더 좋은 걸로 사줄게 했던 말
기억이나 할까?

내키는 대로 읽는 금빵여우를 지나 요릿집 가는 길
선달의 밤바람은 늙지도 않고
주머니 속 온기를 기대며
머릿결 희끗한 빈손과 빈손 깍지를 낀다

암묵적 긍정

장사익의 찔레꽃을 귀에 차도록 담았더니
슬픈 향기가 자꾸 입 밖으로 새나왔다

손자 손잡은 오월 해거름 산책길에서

— 찔레꽃 향기는 너무 슬퍼요
그래서 울었지 목 놓아 울었지—

찔레꽃 더미에 코를 대고 킁킁대던 손자가

"향기롭기만 한데요" 한다

그러게……

그저 슬펐다
왜 슬픈지도 모르면서 목 놓아 울 만큼
찔레꽃 향기는 슬펐다

묵시적 동의

일 년에 서너 번 갈까 말까
퇴직 후 소일거리나 하자고 사둔 묵정밭
남편이 예초기를 돌린다
가을배추나 심어볼 요량으로
돌리던 예초기를 갑자기 멈춘다
암꿩 한 마리 꼼짝없이 앉아 있다
비켜라 윙윙 소리치는 예초기와
쥐눈이콩만 한 눈망울의 팽팽한 기싸움
마구 달려들 기세다
얼른 핸드폰을 꺼내 사진을 찍는데
후다닥 날아 뒤쪽 밭고랑에 옮겨 앉는다
숨 할딱이던 자리를 살펴보니
파르스름한 알이 열 개다
아뿔사! 녀석의 요새를 위협하다니
남편이 포기하고 돌아가잔다
올 김장은 어떡하지
나는 농을 걸며 뒤를 따른다

어처구니

낡은 문을 밀치자 빈 헛간이 움찔한다
삐거덕 소리를 따라가던 레이더가 정수리에 멈췄다

먼지 낀 서까래 사이
맹매기*집이
누런 전구를 막무가내로 붙잡고 있다

불 켜려면 당장 떼어내야 한다고
남편이 사다리를 들고 온다

겨우겨우 마련한
맹매기 둥지를 헐겠냐고

집 없는 설움은 잔인한 거야

양보하고 적응하면
불도 켜고 맹매기도 사는 거라고

극구 말리는 고집에 엉거주춤하던 남편
사다리를 내려놓으며
흘기죽죽한 웃음을 문다

* 맹매기 : 귀제비의 충청 방언

녹두 스탬프

오후를 뒤집으며 녹두죽을 쑨다

중불로 삶아 알맹이 걸러낸 걸쭉한 물에
불린 쌀을 넣고 눌어붙지 않게 젓는다

바람을 열어도 닫아도 더웠던 여름
어머니는 바깥 솥에 장작을 지폈다

후후 분 숟가락 입술에 대고 한 입만 한 입만 더
부실한 일곱 살 원기 돋우던 씨종자

바랭이풀 웃자란 남새밭 쪽문은 열려 있는데
수그러진 허리만큼 걸음도 기울어져
두 해를 묵혔다는 씨종자로 녹두죽을 쑨다

어머니와 내가 그랬듯이 딸이 그 딸에게

사랑도 때론 이기적이다

칼바람 막아주던 솔숲이 봄 햇살을 걸러낸다

모자도 운동화도 선글라스도
이야기를 짓던 나무의자도 달마시안 무늬다

호불호를 떠올리면 또 어지럼증이 도진다

생각이 생각을 밀쳐도
발끝에 감정이 닿아도
시선을 멀리 두는 연습이 필요했다

너럭바위에 얼룩진 생각들을 펼쳐놓는다

햇살이 팟 감전된다

연두가 깨어나는 숲은 풋내가 홍건하다

X파일

씨알 좋은 흙땅콩 한 봉지 씻어
짱짱한 볕 아래 펴 널었다

고소한 한나절 설렁설렁 지난 옥상
싸리채반이 빈손을 탁탁 턴다

방향을 추측하는 스피드 마크

노란 부리 싹싹 비비던 꼬리 긴 새의
새참이 스쳐갔고
종일 허리춤 들썩이던 갈바람 보이지 않고

쉿! 쉿!

까치둥지를 껴안고 휘청대는 참죽나무
울룩불룩한 가지 위에 홍서빛
노을이 환하다

땅콩값으로 놓고 갔나?
풋호두 몇 알

‘목격자를 찾습니다’

현수막 걸려있는 사거리 교차로
우듬지 펑펑한 호두나무가 술렁거린다

구겨진 이용권

생선알레르기로 병원에 들렀다가
집으로 가는 길
대형마트 앞에 사람들이 한 줄로
길게 늘어서 있다
영문도 모른 채 나도 줄을 서서
앞사람을 따라간다
줄이 짧아지고
기웃대던 까치발도 줄어들고
선착순 50명
기대감 한껏 부푼 영업시간 5분 전
젊은 직원에게 받아든 건
47번째 스시 이용권
알레르기 재채기가 스시를 거부한다
아파트 분양권, 유치원 모집,
한정판 스마트폰……
세상 속도에 맞춰야 할 때마다

내게는 때가 도무지 보이질 않고
무심코 남들을 따라하는
줏대 없는 나
생선알레르기가 알지 못했던
줏대를 일으켜 꼿꼿이 세워준다

홍시 하나

안간힘 뻗고 뻗어도 닿을 수 없는
허공에 점점이 붉은 알맹이
그늘진 뒤란을 매만지는 저물녘
아버지의 허기 이제야 보이네

열 살 고집이 따라나선 장 구경
어물전 귀퉁이 송판 덧댄 탁자 앞에 앉으면
수저 두 개와 고춧가루 끼얹은
국밥 한 그릇
'식기 전에 어이 먹어라'
말 떨어지기 무섭게 콧물 훌쩍이며
바닥을 긁는 동안
막걸리 한 사발을 열 번도 더 나눠 마시고
입을 쓰윽 닦으시며 앞서 걸으시던 아버지

백 년 세월 집 지켜온 감나무에
탈색되지 않은 풍경 하나 매달아 놓았네

홍시 둘

장대 하나씩 들고 나섰지요

왁자지껄 올려다보던 가족들
마술에 걸린 걸까요

칠 남매 뒹굴던 멍석에 대보고
귀퉁이 떨어진 두레상에 대보고
100원 500원 동전에도 대보고
찌그러진 세숫대야에도 대보고
밥그릇에 대보고 국그릇에 대보고
찐빵 한가득 노란 쟁반에도 대보고

추석달의 크기는 얼마만 할까요?

노랗고 파란 별 사다리에 올랐어요
누가 먼저 금빛 달을 따올까요

홍시 셋

잡풀 우거진 집을 혼자 지키는
터지고 갈라진 둥치를 껴안아 본다

열두 살에 혼자서 아버지 삼우제를 올리고
우리 집에 살러 온 영숙언니
높은 둥치 껴안고 옹이 디디며
살금살금 올라가 홍시 따주고
밤송이 가시 발로 뭉개 콕콕 토실 알밤 뽑아주고
골방에 숨어 민화투 가르쳐주고
학교 가는 애들 부럽다며 큰길까지 책가방 들어주던
이모 같고 고모 같던 영숙언니

아래채 천덕어미 야반도주를 따라간 뒤
어른들 눈을 피해 몇 낮밤을 울었던지

오십 년이 지났어도 배냇흉터 찍힌 콧등 단번에 알아볼
영숙언니 생각 홍시처럼 발갛게 익는데

홍시 넷

널브러진 여름을 조각내는 가을볕
툇마루에 걸렸다

뒤뜰 감나무
제 이파리 넓은 줄만 알고
빠끔히 내미는 엉덩이 인사
발그레한 속살이 다 보인다
저것 좀 봐! 저것 좀 봐!
먼저 달려가는 마음
주렁주렁 매달린 웃음소리 단풍이 된다

주왕산

산을 웃게 만든 건
주왕이 깃발을 꽂아서가 아니었다
용추폭포에 반해서도
연화봉 시루봉 장군봉 웅장함도
가까스로 서 있는 학소대의
마술도 아니었다

밟아보고 두드려보고 만져보고
곧은길도 구부려 뛰고 걷는 손자 녀석들
집채만 한 바위 밑에 지지대를 세운다

'급수대 물 터질라'
'병풍바위 무너질라'
나뭇가지 주워 와 으쌰 으쌰 힘을 합한다

어린 형제의 우의를
지켜보던 주왕이 껄껄껄 웃은 거다

늦꽃

필까?
펴 줄 거야!

가랑잎 소복한 물빛공원
앙상한 가시손이 들고 있는 장미 꽃봉오리
울타리에 걸쳐놓은 오후 햇살에 봉긋거린다

바랜 강아지풀 꼬리 흔들리는 바람에도
파르르 떠는 11월 장미

필까?
펴 줄 거야!

늦깎이로 시작한 글쓰기
애꿎은 연필만 자꾸 깎아댄다

문신 토시가 필요해

야영장의 밤이 헝클어진다
숲 바람 계곡물 소리 짓뭉개는 취객들 고성방가
저지沮止하렸더니 헐! 겁내지 않네
버럭 소리 대신 늑대의 탈을 써야 했나

고속도로 2차선
경적을 울리고 비상등을 번쩍이며
내 차를 밀듯 헐떡인다
뭘?
불안이 불안을 꼬리 문다

이럴 땐 근육질 팔뚝에 승천하는 용을 그리자
아니야 어흥 호랑이가 좋겠어

차창을 내리고
어깨까지 올려 낀 호랑이 문신 토시를
건장한 어깨의 근육 팔뚝인 척
문턱에 척 걸치는 거야

3

말의 부호

이거 어때? 묻는다면
괜찮다는 말을 듣고 싶은 것

지글거리는 이마에 손을 짚으며 하는 말
괜찮아?

괜찮아,
드라마에 빠져 삶고 있던 행주가
까맣게 탔을 때 하는 말

괜찮아!
투자한 목돈이 본전도 못될 때
우왕좌왕하는 말

처음 해본 액젓으로 담근 김치 맛이 어때…
길게 물어도 짧은 답

괜찮아…

맛이 있다는 건지

맛이 없는데 괜찮다는 건지

부동산 문제 민생경제 청년실업 문제…

국민 체감 온도 등이 시린데

현 정부의 성과는 늘 괜찮아

괜찮아, 애매하고 모호한 말의 부호

몽당연필

산으로 바다로 워터파크로
떠나는 휴가철
빈 주차장 계단에 떨어진
몽당연필
한 주일 신나게 놀다 와도
그 자리 그대로 있네

누군가 쓰다 버린 몽당연필이
꼭꼭 찌르는 가시 같아서

깎이고 깎이어 뭉툭해진
어머니 손가락 같아서
흑심으로 채우던 일기장에
남겨진 어머니 같아서

지우개로 얼른 지워버리고 싶은
여름휴가

이명耳鳴

모내기철 해거름 논배미에
자글자글 끓는 개구리울음
노을 앞세우고 쫓아와
제 집인 양 개골개골
통째로 마당을 점령해도
어머니 귀에는
매미 소리 밍밍밍밍

지붕 두드리는 소낙비 소리도
나뭇가지에 내려앉는
함박눈 소리도

어머니 귀에는 여전히
매미 소리 밍밍밍밍

발치

치과의자 등받이에 두려움을 눕힌다
눈 감은 하늘 어둠으로 휑하고
냉철한 쇠붙이에 웅크린 통증이 버둥댄다

'돌도 씹을 나이다'
어머니 목소리 얼른 꺼낸다

초록 옷 입지 않아도 초록이었던
편백나무 숲보다 풋풋했던
기억 속에 매달리다
곧 떨어져 나갈 단풍 한 잎

싸-한 바람의 칼날에 가슴까지 베일 것 같다

오동꽃

뒷산 산책길 걷다
오래된 추억 하나를 줍는다

저만치 달려오는 짐자전거에
아이 둘 어른 둘 엉겨 붙어
연일마을을 벗어나 형산강 둑을 달린다

내려앉은 꽃향기에 보랏빛 꿈은 피어나고
콧바람 벌름대는 아빠
울퉁불퉁 흙길도 지치지 않으셨지

바람을 가르는 오동꽃 종소리
따르릉 따르릉 숲길이 흔들리네

잃어버린 미술시간

아스팔트 위에 떨어진 10원짜리 동전
얼른 주워든다

도화지 사라고 준 10원짜리 동전 주머니에 넣고 학교 가던 길, 개구리 잡고 송사리 떼 몰던 둑길 따라 쭈욱 ―쭉 잘도 미끄러지는 검정 고무신. 얼음판과 흙길을 번갈아 걷고 뛰고 넘어지며 닿은 학교 앞 문방구에서 뒤집고 뒤집어도 빈 주머니, 쿵쾅대는 생각 한쪽으로 기울고 왔던 길 되돌아 뛰었지. 잃어버린 동전처럼 엄마 얼굴 눈앞에 어른대고 고추바람 가루눈 펄펄 이는 얼음판 여긴가? 저긴가? 엉덩이 얼얼하게 미끄러지며 바닥을 긁던 아랫도리 눅눅하고 손과 발은 막대고드름이 되었었지. 도화지 없는 지각에 회초리 탁 탁 탁 손바닥 불꽃 피어도 울음 꾹꾹 참았던 국민학교 2학년 미술시간,

엄마 앞에 콱콱 목이 메는 건 찐 고구마 때문인 척 훌쩍 훌쩍 물을 잘라 마셨지

10원짜리 동전을 닦아 들고
꽁꽁 숨겨두었던 겨울풍경화 한 폭을 그려본다

헝클리다

두꺼운 종이 원통 모양 두 개
한쪽 구멍에 셀로판지를 오려 붙여 진동판을 만들고
실을 연결해서 만든 실전화기

내가 입에 대고 말을 하면
언니는 귀에 대고 듣고
한쪽이 말을 하면 한쪽은 들었다

말할 때와 들을 때가 정확해도
실이 느슨하거나 당겨지면 대화는 헝클어졌다

입담 좋기로 소문난 그 여자
자리를 옮겨가며 분위기를 끌었다

기억의 꽃 한 잎씩 뜯어내며
고개를 끄덕이는 사람들

입가에 웃음을 물었지만

누구도 집중하지 않았다

하바리움

어쩌자고, 첫눈이 온다는데
말갛게 웃고 있는 해바라기 한 송이 자꾸 마음이 간다

마음 비우며 살면 되는 거라지만
구만리 언 바람은 연인들의 발자국도 지워버리고
12월 쥐꼬리만 한 햇살마저 잘라버린다

죽는 날까지 함께 하자던 첫사랑
약속을 믿을 수 있을까?
엄마 속 까맣게 타는 줄도 모르고
첫눈이 마냥 좋은 아이

생각에 빠진 유리벽 속에서
두 눈만 깜박거릴 뿐
꽃이 펴도 꽃이 아니던 시절처럼

상강

서리꽃 물든 자드락밭에서 한 장 두 장 따낸
단풍깻잎 한 소쿠리
찹쌀풀 발라 싸리채반에 가지런히 펴 널었다
허전한 한 장에 한 장 한 장 덧붙이고
참깨 송송 뿌린 깻잎 부각
대청마루에서 토방으로 뒷마루까지
동동거리는 볕 따라 말라간다.

냄새 벌름거리는 저녁 밥상 서리꽃 활짝 핀다
한 잎 떼어 입속에 넣고 사각사각
또 한 잎 떼어 넣고 사각사각
서리꽃 부서지는 소리
벽에 걸린 알전구에 서리꽃 환하다

놀이터 지키기

새벽 댓바람에 불려간 우리 부부
쇠말뚝 쾅쾅 박고 파란 그물망 둘러
울타리를 만들었다

아욱 상추 토마토 오이 가지 애호박 깻잎…
쑥쑥 잘 자라는 엄마의 놀이터
팔순을 훌쩍 넘은 엄마를 친구인 양
고라니가 찾아드는데

올봄엔 콩이라도 심을까 비닐 덮어 만든 두둑을
네 발 롤러스케이트 탄 듯 마구 뭉개고
잘 익은 검은콩마냥 똥을 뿌려놓았단다

구역 지키지 않는 고라니와
단판 승부를 걸겠다는 엄마
야밤에 쏘아대는 레이더에 걸릴라

엄마만 아는 암호로 매듭을 단단히 채우고
비밀문도 만들었다

오늘밤은 다리 쭉 뻗고 잠들겠다

중독

어린이집에서
중독이란 말을 배워온
네 살 승민이

엄마는 밥 중독
아빠는 일 중독
땅콩을 좋아하는 할아버지는
땅콩 중독이란다

게임 중독이란 말 억울하다는
여섯 살 터울 사촌형 민건이
주말에만 허용된 컴퓨터게임을
날마다 할 수 있게 풀어달란다

말 중독 할머니도
기왕이면 글쓰기 중독 해 달라고
타협 한 번 해볼까

산수유

영원불멸의 사랑이란 꽃말로
팡팡 터지는 꽃망울

통원버스 기다리는 아파트 정류장
알록달록 웃음들이 내린다
보행기 의지하고 나온 할머니가
덥석 안기는 아이와 가방을 받는다

마트로 놀이터로 손 끌려다니는
손자의 투정에는
걸음마다 결리는 무릎관절도
아야, 소리를 삼킨다

쪼글쪼글해진 열매의 빨강이
꽃의 노랑을 받쳐주는 봄
손가락 하트에 하늘까지 노랗다

꽃놀이수다 중

수십 년 책갈피마다 함께 채웠던 말들
전화번호 한 줄에 묶어놓고
만나자는 말만 오고 갔지

단풍 구경 가자던 너 없이 겨울 가고
꽃처럼 보자던 봄도 넘기고
둘이서 넷이서 두드리고 밀고 당겨도
이사 간 새집 문은 열리지 않아

7월 장맛비에 적신 문자를 보낸다
(꽃놀이수다 진행 중임)
까톡, 들어온 답장
(6월 10일 3시 35분 어머니 담도암으로
하늘나라에 가셨습니다, 아들 올림)

쿵, 침묵이 떨어진다

꽃놀이수다를 다물지 못했던
우리는 차마 너를 보내지 못하고

보리수

돌담 껴안은 햇살조명에 보석들 반짝거린다

혼수 예물 고르는 읍내 금방
귓불에서 달랑거릴 빨간 보석을 집어 들자

'그려도 황금이 든든하지'
'팔 때도 손실이 적어야아~'

금가락지 하나가 송아지 되고
그 송아지 어미소 되면
논도 되고 밭도 되는 거라고
은근말로 채근하던 아버지
마술사처럼 하루를 이틀로 사셨지

그 딸 할머니 된 지금도
연중 오르는 금값 안중에 없고

초록 이파리 칸칸이 장식된 진열장 스르르 열면
조랑조랑 매달린 루비보석이
그날처럼 내 손을 자꾸 끌어당긴다

간난이

땅따먹기도 공기놀이도 관심 없고 나보다 키도 작고 말도 적은 뒷집 간난이 동생 업고 보리쌀 삶아 밥도 잘 한다고 엄마는 또 간난이 얘기

강낭콩 듬성듬성 섞은 밀개떡 새참을 만들었다는 말에 나도 맘먹고 작두펌프 옆에 웅그려 앉아 귀퉁이 닳은 놋숟가락으로 감자 껍질을 벗겼지 콧잔등에 침을 콕콕 찍어가며 씻은 감자를 가마솥에 넣고 보릿짚에 불을 붙였지 밤중에 오줌 지린다고 얼씬도 못 하게 하던 아궁이에 화르르 소리로 타는 보릿짚 불길 죽을까 봐 자꾸자꾸 밀어 넣었지 굴뚝 밖으로 연기 하얗게 날리고 아홉 살 등짝에 화들짝 불꽃도장 감자보다 먼저 익어버렸어

초등학교도 못 마치고 서울로 이사 간 간난이 방직공장 다니며 야간학교 다닌다는 소식 들은 뒤로 잊고 산 지 수십 년, 지난 설 연휴에 모피코트 입고 수입차 타

고 친정도 없는 고향을 다녀갔다는데 강남 고층아파트
에 산다면서 마을회관 보수금을 한사코 주고 갔다고
웃음꽃 피우는 엄마는 또 간난이 얘기

이웃

주춧돌도 디딤돌도 못될 각을 세우고
나이테나 세며 지냈었지

스치는 무표정도 시나브로 낯이 익어
급한 발에 치이던 돌에도 결이 생겼어

누구는 가슴 내주고
누구는 등을 내주고

층마다 칸마다 모서리 맞추니
잘 구워진 빗살무늬

오르막 내리막길 토닥이는
돌탑이 되었네

천마산 산책길 솔 향기 가득하고

4

며느리밑씻개

한 움큼 낚아챈 마디 손에
시퍼런 넝쿨이 줄줄 끌려 나온다

촘촘한 가시넝쿨은 예초기 칼날도 감아버려
손으로 뜯어내 낫으로 베야 한다는 깔깔이풀
'엄마의 손'이라는 꽃말은 누가 붙였을까
해열 이뇨 작용 탁월하고 아토피 고혈압 폐결핵
위도 튼튼하게 다스린다고
잎과 줄기 뿌리까지 약제로 쓰인다는데

'쓰잘데기 없는 이눔의 풀'

우두둑 우두둑 사정없이 잘라내는
어머니 손등에 기어이 생채기를 남긴 건
삼잎을 닮아 환삼 한삼 율초라고도 불리는
한해살이 넝쿨 풀

돌담에 기대선 며느리 빙긋이 웃고 있다

입춘 1

수줍은 햇살 빈 마당을 채우고
지루한 당산나무 우듬지는
팽팽한 하늘을 툭툭 친다

흑과 백이 진을 친 산기슭
성급한 너럭바위 낮은 포복으로 바깥을 살피고
치근대는 바람 몇 차례 지나가더니
강물은 얼음덩어리 품고 미로 여행 중

두 발에 힘주고 줄지어 출발 신호를 기다리는 새싹들
귓불이 시퍼렇다

입춘 2

탈 탈 탈 탈
엷은 햇살 실어 나르는 경운기 소리에
전기장판에 압화押花 중이던
꽃무늬 털스웨터 기우듬 일어서고
눅눅한 벼름 박 붙잡고 때 기다리던
점퍼 속 매화꽃도 배시시 몸을 비빈다

마른 꽃다발 부려놓은 평상엔
관절마다 파스 냄새 덧칠하는
노안의 볕바라기들
명암 따라 색 바뀌는 담벼락
눈먼 아지랑이 수묵화를 그린다

네 살 여섯 살 깔깔웃음 앞세우고
마을회관 마당 들어서는
이장네 베트남 며느리 손에서
붓글씨로 쓴 입춘대길 열 장이 팔락거린다

해바라기 1

마음 꽉 찬 아침

넘어질라 꺾일라
그저 내 걱정뿐인 사람

밝고 환한 웃음에 가려
여태껏 보지 못했네

그 어깨에 걸쳐진
시퍼런 무게를

해바라기 2

그저 멍하니 바라봅니다
발끝 닿지 않는 땅

건네고 싶은 말들은
닿기도 전에 탈골되어
검은 침묵에 잠기고

손끝을 뻗어도 뻗어도
잡을 수 없는 북녘 하늘

일렁이는 파도는
녹슨 철조망에 걸렸습니다

호박꽃마켓

내리퍼붓는 땡볕 공세에
멍~, 입 벌린 몽환의 오후 2시
뒷밭 비탈 푸른 파라솔 아래
금가루 버무린 듯 노란 꽃술을 내밀고
별 나팔 불어대는 호박꽃

쿵 쿵 쿵 쿵
윙 윙 윙 윙
꿀을 겨냥하는 벌들 분주하다

기우는 절기

투둑 투둑 빗방울이 말을 건네는 물빛공원
명자도 매화도 꽃눈이 몽글거린다

작은 연못에 옴팍한 발자국을 찍는 비
물의 잡생각을 일으켜 채찍하고
추억에 잠겼던 수양버들 그림자까지
푸른 물소리 흐른다

개나리 울타리엔 얇은 햇살 몇 잎 노랑으로 매달리고
묵은 풀들 깨어나는 사이
민들레 지칭개 냉이 광대나물…
꼬깃꼬깃 싸맸던 꽃포장 뜯느라 수선스럽다

그나저나 아직도 손 흔들지 못해 머쓱하게 서있는
저 늦깎이 국화는 어쩔랑가?

대한에게 꾸어서라도 추워야 한다는 소한은
북녘 어디쯤에 주저앉았을까

황톳길 양지쪽 영산홍도 레드카드를 쏘옥 내밀고
봄 마중을 결제하는데

방향지시등

찰랑거리던 감나무 잎 윤기 빠지고
옥수수 등짐도 한결 가벼워졌다

우체통 옆 원추리도
마지막 꽃대 간신히 붙잡았고
차 그림자를 재던 길고양이도
수염을 빳빳이 세운다

누가 켜놓았을까
공원 한쪽에 붉은 고추 열댓 개

햇살 퍼 나르는 바람 한 줄에
부스럭부스럭 몸 부비는 투명비닐
깜빡등을 켜는 붉은 고추에게
가야 할 방향을 일러준다

나도 어딘가 가야 할 사람처럼
손목시계를 자꾸만 자꾸만 들여다본다

갱년기

할 말 넘치는 사람처럼 거품을 물고
툴 툴 툴 툴
물폭탄 안은 세탁기가
아파트를 통째로 흔든다

버튼 두 번이면 청바지도 이불 빨래도
비비고 헹구고 건조까지 할 일 척척 다 하더니
금방이라도 칸막이벽을 들이받을 기세다

어깨로 밀어 안전선 안으로 넣다 보니
여태껏 내보인 적 없는 고무발
지느러미가 되어있다

어쩌나, 내게도 지느러미가 생기나보다
뜬금없이 쿵쾅대는 가슴팍
훅훅 뿜어대는 열기가 등짝을 적시고
노을빛 홍조가 수평선을 넘을 기세다

마른 옥수숫대

삶의 누수 불어나는 저녁
단단히 채운 차꼬마저 헐거워진다

단물 빠져나간 마디마다
삐거덕 삐거덕
낡은 수레바퀴 바람이 살고
미처 떠나지 못한 벌 나비
마른 잎에 손 베일까 등 떠밀던 옹이손
우두둑 우두둑
소나기 소리를 낸다

옷깃 스치는 얇은 바람에도
가야지 애먹이지 말고 가야지
빈 허리마저 꺾이기 전에 가야지
속절없이 뒤척이는 말
못 들은 척 등을 돌려도
우두둑 소리 따라다닌다

누름돌

서로 다른 카드를 들고 누웠다

서로 다른 벽 쪽으로 돌린 등
뻣뻣하게 뒤척일 때마다
새로운 카드를 떠올린다

누렇고 허연 얼룩 돌
까만 깨알 박힌 갈색 돌
한 손에 들기 버거운 돌을 들여놓고
저녁마다 부엌에서 어머니는 무얼 눌렀을까

더 무겁고 더 뾰족한 낱말을 찾다가
까끌까끌한 입속을 헹궈내는 아침
익살스런 기지개 너스레에
차마 못 꺼낸 직불카드를 슬쩍 뒤집어 놓는다

쉬운 한주먹

미지근한 소금물을 채운 투명비닐에 쟁여두면
숨이 죽는다 했다

겉잎 떼 낸 배추를 갈라 밑동에 칼집을 냈다
하던 대로 하라는 남편 말 귓등으로 넘기고
배추와 굵은소금 한 주먹 번갈아 쓱쓱 포개 넣은
비닐 속 궁금증이 하룻밤을 재웠다

한 주먹 한 주먹이라 했는데
열 포기 숨죽이는 건 한 주먹감이라 했는데
다시 밭으로 가겠다는 배추처럼
내 뒤통수도 빳빳이 선다

팔십 년을 움켜잡은 엄마의 한 주먹을 따라잡지 못한
시간의 오차일까
베란다에서 십 년을 숙성시켰으니 짜지 않다던

소금의 농도 때문일까
네 쪽으로 가른 배추의 무게와 크기의 착각일까

지인이 잘 아는 회사라고 대들었다가
낭패 본 투자처럼
가볍게 본 한 주먹 소금에 이틀을 허송하고서야
엄마의 손맛을 차근차근 더듬어 본다

환승

들어오려나, 나가려나
땀 식힌다고 눌러앉았나
창틀에 앉은 먼지 한 톨

입 안 가득 바람을 모아
후~우우 불어본다

떠나거라
뒤돌아보지 말고 어디든 날아가거라

하늘 언덕 봄 요양 병원
플랫폼에 내려앉았던 반달누에나방 한 마리
비늘을 털며 파닥파닥
한 줌 햇살을 따라나선다

지진 1

불쑥 돌진한 굉음과 10초의 진동으로
눈에 보이는 건 모두 돌아앉았다

담금병의 파편들이 거실의 분위기를 찢어버렸다

우르르 몰리는 세간살이를 밀치고
계단으로 쏟아지는 발목과 심장은 엇박자다
방패가 되지 못한 아파트 비틀비틀
갈라지고 깨지고 터지고
연신 여진으로 휘청인다

낯설다
영화에서나 봄직한 장면이
달빛도 없이 일그러졌다
알몸으로 찬바람 맞는 십자가도 붉다

땅속까지 살을 다지는 철을 심어 든든한 포항
가슴에 강철 기둥 쿵쾅 박아 놓는다

지진 2

동공이 흔들린다
웃옷 챙길 틈도 없이 몸은 아파트 계단으로 쏟아진다

괜찮아 괜찮아
여기는 명품 아파트 내진 설계 6.5 A.A 양호
안전하다를 수없이 반복했건만
5.8 지진으로 놀란 심장은 4.6 지진도 견디지 못하고
근처 법원 주차장에 서있다

지상에 선 것들은 모두가 두렵다
껌벅대는 가로등을 피해 자동차를 세웠다
긴 전조등 불빛 안에 들어오는 높은 계단은
드라마에서 보던 천국의 계단이 아니다

새벽 다섯시 오로라도 없는 광활한 우주
애써 웃음 짓는 검은 눈썹달

얼마 남지 않은 설날은 어떡하지 어린 손자도 올 텐데
나는 억지로 웃어 답한다

훌라후프 돌리는 남자

트레일러에서 떨어져 휴직 된 후
훌라후프 돌리던 남자
혼잣말도 뒤죽박죽
대소변 못 가리던 아이가 되더니
우르르 쾅쾅 병실을 뒤집는다
손발 묶인 침대에서도 들끓는 감정이 직소폭포다

훌라후프 돌리듯 이 병원 저 병원 돌다 온 정신병동
아내에게는 네 시간 면회가
같이 지낸 사십 년보다 길었다

어떻게 묶어요?
아들의 절규가 압박붕대를 풀어보지만
한 치 앞 가늠할 수 없는 천방지축은
디시 꽁꽁 묶여 버렸다
오른뺨 따닥 치면 아야야아~ 벌어지는 입

밥 한 술 떠먹고 왼뺨 따닥 치면 아~야~아
약봉지 털어 넣으며
조각난 시간을 꾸역꾸역 기웠다
미역국 곰국만 찾던 편식 나무라면
내가 그랬어? 내가 그랬어?
묻고 또 물으며 훌라후프 돌리는
남자의 천진한 얼굴에 봄 햇살 아장거린다.

그네를 타다

태풍이 지나간 풀밭
로켓 모양 플라스틱 캔디통
햇살이 셔터만 누르면 솟아오를 듯
하늘 향해 비스듬히 누워 있다

우주인이 두고 간 달콤한 유혹에
개미 식구들 오르락내리락 분주하다

오늘 하루뿐
30%세일 + 로또복권
길 건너 상가 식육점 선전물이 나붙는다

빌딩 사업자금 외제차 유럽여행 상상하며
줄을 선 사람들 발뒤꿈치가 오르락내리락

기대감 잔뜩 불어넣는 풍선들
일제히 하늘로 오른다

5

초록에 빠지다

둥글게 말고 자는 하우스
쿨쿨 자는 밤에도 키가 큰다고
삼촌은 이불 덮어 다독인다

정년퇴직 기다리며
땀방울 쪽쪽 빨아먹는 초록잎들
간들거리는 손짓에
새벽잠마저 뺏긴 삼촌
안개 커튼 스르르 열고 들어선다

30년 은행에서 이리저리 돈만 굴리다
이제는 세상에서 제일 착한 머위를 키워 보고 싶다고
어린아이 키우듯 애지중지한다

안 먹어도 배가 부르다는 말
이제야 알겠다는 삼촌

첫물 머위 따는 날
초록이 질펀한 하우스에서
푸르게 푸르게 초록물을 들인다

꽃팬티

콩알만큼 쪼그라든 간을 들고
밤새 달렸어

공포를 덧대는 여진에
용수철을 밟은 듯 튕겨져 나오느라
못 챙긴 속옷 대신
엄마가 꺼내준 팬티 두 장

처음으로 아버지께 받은 생일선물이었다는데
복사꽃 환한 봄밤 홀연 떠나신 아버지처럼
허무하게 져버릴까봐
그 꽃 차마 입지 못했다는데

괜찮다 괜찮다 하면서도
괜찮지 않았던 봄밤처럼

잊히지 않는 첫사랑 같아
버려야지 꺼냈다가 다시 넣어 두었다는

꽃편지 두 장

섬

그에게 가는 길은
여러 갈래

어제는 풍랑주의보
오늘은 안개주의보

굵은 비 내리고
썰물 한차례 지나가면
저 섬에 닿을 수 있을까

유채꽃 꼬투리를 잡고
한자리에 등 돌리고 앉은 섬

물결 잔잔해질 때까지 기다려
뱃길을 열어볼까
다리를 놔볼까

안개 덮인 고샅 언저리를

서성거린다

오해

맞서지 못할 바람이었다
낮게 엎드린 몸을 웅크렸다
머리에도 등에도 입김이 후끈하다

어둡고 쓸쓸했던 회고에 끼어든
위로의 말 한마디 화살촉이 되어버린 그녀
사소한 표정에도 신경을 곤두세우는
저 바람의 감정을 어떻게 잠재울 수 있을까

기다려보자
두릅이라고 뚝뚝 꺾어 데쳐 먹었던
도톰한 어린 순이
주먹만 한 붉은 꽃을 피운 오월에야
모란인 줄 알았던 그때처럼

기다려보자
웅크리고 기다려보자

언젠간 덧난 상처 자국마다
새순이 돋고 꽃이 필 거야

하늘 가는 길

검은 옷 입은 사람들 들어서고
성당 안은 무덤처럼 엄숙해진다

십자가 제단 앞에
턱 버티고 누운 여자
고통일까 평화일까
주검은 고요하기만 하다

보낼 수 없다고 흐느끼는 가족에게
위로의 목례를 보내는 사람들
천국 가는 티켓에
하얀 꽃도장 하나씩을 찍는다

삼 년 만기 적금 타서
유럽여행 간다고
콧노래 부르던 여자

오십삼 년 연금 해약해

하늘여행 간다고

저토록 환하게 웃는

영정 속의 저 여자

야외수업

연오랑 세오녀의 설화로 이어진
홍환리 해안을 걷는다

발끝에 닿는 파도자락을 따라
밀려갔다 밀려왔다 천진한 어른들
연인들의 밀당처럼 설렌다

한적한 모래밭에 은빛 멸치들
파닥 파닥 꼬물꼬물
바깥세상 기웃대다 쫓겨났나보다

기이리 멸치다!
동기가 한 마리 집어 입속에 넣는다
내 궁금증도 따라
미끄덩한 맛을 꿀꺽 삼킨다

풋내기의 탈선은 위험해!

선배가 집게손가락으로 한 마리씩
물속으로 던져준다
그제야 나도 양손으로 푹푹 떠서
바다로 돌려보내 준다

때아닌 방생으로
마음은 청명한 하늘처럼 부풀어 오르고

미세먼지 2

날씨예보는 미세먼지 나쁨
아침 설거지 끝내고 핸드폰을 보려니
지구를 지켜라 불러대던 민트그린의 컬러링은커녕
아무 반응이 없다
전원 버튼을 다시 눌러보고
뚜껑 열어 안을 살펴도 묵묵부답이다

뒤적이는 마음 들고 달려간 서비스센터 직원
사람으로 치면 과부하로 뇌가 죽은 거예요
일침을 놓는다
미세먼지처럼 만져지지도 않는 이물질
굳어져 독이 됐단다

문서 사진 연락처 지우고 기록하고 저장하고
얽히고설키는 그물망 삶이 독이라고?

저녁 잘 먹고 자는 잠에 떠나는 게 소원이라던
어머니 말 떠올라
발갛게 달군 눈이 까끌까끌해진다

가파도 가봤어?

뿔소라 듬뿍 넣은 해물짬뽕에 해초비빔밥
고래쿠키 아이스크림까지 챙겨 먹고도
보리밭에 서면 허기가 먼저 손을 든다

깜부기 찾아 이랑을 뒤적이던 아이들
손으로 만진 마른버짐이 보리꽃에 번졌다는
보리물결 이어지고 이어져
바다도 하늘도 맞붙은 하나가 되었다는

송악산 휘돌고 달려온 바람과
소금기 탁탁 터는 마라도 바람으로
소라 전복 껴입은 돌담도 비틀거린다

바람 센 언덕을 오르내려야 맛이라는
꽃섬의 낭만을 흔들흔들 넘어질 듯 달리는 자전거

납작 엎드린 가오리처럼

구멍 숭숭 아련한 필름을 돌리고 있다

못난이 옥수수

골목시장 이불전 곁에 보퉁이 채로 펼쳐둔 옥수수
만 원 건네고 두 무더기를 받는데
직접 농사지은 거라 못나도 맛은 괜찮다며
따로 담아 놓은 세 개를 얹어준다

집으로 오는 내내 외할머니가 보고 싶었다

달빛 별빛 노랗게 하얗게 내려앉는
멍석 위엔 산바람이 기웃거리고
외할머니 이야기보따리엔 틀니가 달그락 달그락
삐뚤빼뚤 앞니로 한 알 한 알 빼먹던
유년의 여름밤

덜 여문 꽁다리 잘라낼 때도 그랬고
벌레 먹고 물러진 자리 칼로 도려낼 때도 그랬다

덤으로 받은 할머니의 정이 알알이 들어차는

뒤끝

삐걱삐걱 여닫던 말 화끈하게 해버리고
다시는 담아두지 않겠다던 그 말
자꾸만 엉긴다

젓가락에 감는 국수 가닥처럼
부상 당한 언어를 돌돌 감는다

뒤적이고 캐내고 잘라도
뒤끝 없다는 말로 낯빛을 깁는 여자

딜레마에 빠진 사람들
불어난 파열음을 걷잡을 수 없다

과적

유채꽃 보러 가서 만난 오일장
4월 중에 잠깐 따낸다는 진지향이란다

귤이라면 앉은 자리에서 열 개는 뚝딱인
딸 얼굴이 먼저 떠오른다
커다란 플라스틱상자 귤을 택배상자에 옮겨 담으며
큰 귤 사이사이 작은 귤을 끼워 빈틈없이 담았다
꽉 채우지 말라는 상인 말 못 들은 척
포장 끝낸 종이상자가 빵빵하다
'터져도 책임 안 져요'
주인이 재차 못을 박는다

'요것이 달겠다' '이게 더 실하다'
고구마 호박 고추 쌀포대
승용차 뒷바퀴가 휘청하도록 챙겨주고도
불룩한 상자 위에 때깔 좋은 대봉감을 또 얹으시지

펼쳐놓고 보면 뒤죽박죽인 상자

이제 알겠네

매번 적재량을 넘기시는 어머니 마음

어버이날

녹음이 물든 벤치 위로
자벌레 한 마리 톡, 떨어진다

탈골된 뼈들이 숨을 죽인다
한 번 구르고 두 번 구르고
떨어진 간을 쓸어 담는다

구부리는 것은 다시 펴기 위한 것
길 없는 길을 찾아나서는
빈곤의 척도
야비한 바람에 맞선다

서두르지 않고 앞만 보는 걸음
볏가마니는 주인 발자국 무게만큼 담기는 거라며
어스름 내려앉은 논길을
휘적휘적 걸으시던 아버지

아버지의 초상화에 풍경처럼 매달린

카네이션 붉다

새순 돋는 연리목

봄의 옷자락을 끌고 올라가는 돌계단
긴 골짜기 연리목 앞에 멈춰섰다
엉거주춤 껴안은 두 나무
엉킨 나뭇가지처럼 방벽을 치던 친구가
가슴의 돌덩이를 슬며시 내려놓는다

백 년은 끄떡없다 자신하던 건강
반환점도 안 되어 효과 없는 항암을 견디며
물구나무선 울음을 삼켜낸다
바위벽 틈바구니에 집을 짓고
제 몸을 쪼아대는 새처럼
상처를 쪼이고 있는 그에게
꿈꿀 수 없는 아홉 번의 봄이 지나갔다

남겨진 것들에 감사하며
한 장의 백지에도 무지개를 그려주었다는 그

더딘 걸음이지만

이제야 알 것 같다며 연리목을 끌어안는 친구

눈동자에 연둣빛 새순이 돋는다

묵은봉*

달려온 시간만큼 너덜해진 나를 들고
가을이 풀어놓은 솔향기 따라 오르는 길

벌, 나방 파고드는 쑥부쟁이 구절초 솜털 송송한 해국,
하양 노랑 청보라…
자잘한 꽃과 열매 숨겨둔
숲은 보석상자다

쉴 새 없이 보석을 뒤적이며 올라간 정상
꿈결인 듯 들려오는 통 통 통 통
통통배 소리 먼 바다 위로
포물선을 그리는 비행기는 파란 도화지를 가위질하고
하릴없이 건들거리는 바람은 풍경화를 그린다

조였던 일상이 헐거워지는 시간
가슴은 붉나무잎보다 더 붉게 물들고

욕망으로 헤진 마음 다 내려놓자며 올랐던
묵은봉*

묵은 맘 없이 숲의 보석 뒤적이다 내려와서 보니
아뿔싸!
배낭 속에 가을이 가득하다.

* 묵은봉 : 경북 포항시 북구 청하면 청진리에 있는 산봉우리.

와글와글

주말 저녁 시골집
TV 볼륨을 높이는 개구리울음
식구들도 한 옥타브 올려 소리 보탠다

값 저렴하고 차 맛 좋다는 입소문 때문일까
종려나무 쉼터 넓은 공간 가득 메운 고객들 틈에 끼어
친구도 나도 소리 보탠다

와글와글 끓어대는 논개구리 울음소리
검지로 두 귀를 막았다 뗐다 리듬을 맞추면
와글와글 웅~웅
와글와글 웅~웅
짤막짤막 끊기는 대화도 리듬을 탄다

절제와 수긍과 순응의 미학

유 진 (시인)

유동승의 시집을 관통하는 하나의 주제의식은 조화로운 세상에 대한 수긍과 현존에 대한 순응이다. 우선 「금빵여우로 읽는다」는 표제에서부터 배려하고 이해하려는 수용과 여백이 묻어난다. 보통사람으로 반듯하게 산다는 건 각자의 조건에서 모든 만물과 조화를 이루고, 모든 사람들과 조화를 이루는 일에 동참하는 일이다. 평화와 균형, 협동이 이루어지는 사회를 위하여 질서를 지키고, 배려와 절제를 실천하는 사람이다.

사회 제도를 벗어나지 않고도 자신을 속박하는 관습과 상식으로부터 자유로운 존재가 되는 법을 터득하는 일이 생각이나 말처럼 쉬운 일인가.

수년간 함께 공부하면서 지켜본 유동승 시인의 사람됨이 그랬다. 자신의 모습 그대로 온전히 머물기 위해늘 주어진 것에 충실한 사람, 되도록 단순하게 수수한 삶을 묵묵히 사는 소박하고 정갈한 사람이었다. 그러하기에 그는 '음전하다' '양반스럽다'라는 말에 합당한 사람이다.

시를 대하는 태도나 작품세계 또한 넘치지도 모자라지 않게 그의 자리에서 충실하다. 시적 발상 근저에 깔린 휴머니즘적 사유의 바탕은 대수롭지 않은 일상의 순간들을 포착하여 기록한다. 하지만 일방적인 논리로 스스로의 감정에 치우치거나 문제의 본질을 흐려놓지 않는다. 그래서 그의 시는 주변과 일상에 대해 세심하지만 무례하지 않다. 또한 자신의 용량에 맞는 구체적 현실을 기초로 하여, 어느 쪽으로도 기울지 않는 삶의 진솔한 풍경들과 동화되는 모습을 보여준다.

내키는 대로 읽는 버릇이 있는 나는
보석 체인점을 지날 때마다
금방여우라고 적힌 간판을 금빵여우로 읽었다

저녁이나 먹자며 나선 결혼기념일
'금방여우' 앞을 지나며
금빵여우 금빵여우 금빵여우…
중얼거리는 남편
금방에서 막 나온 예쁜 신부를 상상하는 건지
털옷 입은 아줌마들 모습이 곰 같다더니
설마, 나 들으라는 말은 아닐 거야

신혼은 너무나 말간해서 가건물 같았지
사랑의 징표를 들고 쭈뼛쭈뼛 찾아간 포항극장 뒤
저녁에도 금은방은 눈이 부셔서 두 눈을 찡긋찡긋
옹색함을 포장하기 좋았어
상여금 타면 더 좋은 걸로 사줄게 했던 말
기억이나 할까?

내키는 대로 읽는 금빵여우를 지나 요릿집 가는 길
섣달의 밤바람은 늙지도 않고
주머니 속 온기를 기대며
머릿결 희끗한 빈손과 빈손 깍지를 낀다

—「결혼기념일」 전문

'금방 여우'를 '금빵여우'라 읽는다고 보석판매점이라는 사실은 달라질 게 없다. 웬만한 일에는 시시비비를 따지지 않는 성격이니 무엇을 뜻하는지 내용만 제대로 파악하고 있으면 겉이야 희든 검든 그리 중요하지 않다는 말이다.

저녁이나 먹자고 나선 결혼기념일이다. "상여금 타면 더 좋은 걸로 사줄게 했던 말 기억이나 할까?" 보석가게 앞을 지나면서 수긍도 불평도 아닌 추억을 떠올린다.

'너무나 말간해서 가건물 같던 신혼'과 안정된 노후를 마련해 놓은 현재의 생활은 사뭇 다르지만 서로에 대한 믿음은 다르지 않다. 살 비비는 식솔들을 지켜내기 위해 부부는 같은 편이어야 한다는 의식을 전제로 한 곳을 바라보며 함께 겪은 세월 속에 서로에 대한 신뢰가 쌓여있기 때문일 것이다. '선달 언 바람은 늙지도 않고/ 주머니 속 온기를 기대며/ 머릿결 희끗한 빈손과 빈손 깍지를 낀'다는 마지막 구절이 부부의 가지런한 길을 보여준다. 그리고 「시인의 남편」,「묵시적 동의」,「어처구니」 등에서도 부부의 모습은 당연하고 자연스럽다.

아침 설거지 중에 부르는 소리가 다급하다
세제 묻은 손을 닦을 새도 없이 달려가 보니

거실 창 안전펜스 위에 까치 한 마리 앉아있다

춥지 않니?
아침밥은 먹었니?
누굴 기다리니?
혼잣말 자근자근 건네던 남편
까치가 날아갈까 막아서며 얼른 시를 써보란다

액자 속 정물처럼 앉아있는 까치와
나를 관객으로
낭송가의 흉내를 내며 큰 소리로 읊는다

가 만 히 오 는 비 가 낙 수 져 서 소 리 하 니
오 마 지 안 흔 이 가 하 릴 업 시 기 다 려 져…

연애 시절 떠올라 겸연쩍게 웃어 넘겼지만
까치가 앉았던 난간엔 온종일 시가 기웃거린다

—「시인의 남편」 전문

생각보다 인생은 느리게 흘러간다. 원하거나 원하지 않거나 올 것은 오고 갈 것은 간다. 시시콜콜 따질 것이 긍정적 삶의 자세로 오늘을 오늘답게 사는 사람이라면 분명 행복한 사람이다.

장사익의 찔레꽃을 귀에 차도록 담았더니
슬픈 향기가 자꾸 입 밖으로 새나왔다

손자 손잡은 오월 해거름 산책길에서

– 찔레꽃 향기는 너무 슬퍼요
그래서 울었지 목 놓아 울었지–

절로 나오는 노랫말을 들었는지
찔레꽃더미에 코를 대고 킁킁거리던 손자가

"향기롭기만 한데요" 한다

그러게……

왜 슬픈지도 모르면서 슬펐다
찔레꽃 향기는 그저 슬펐다
찔레꽃 향기는 목 놓아 울 만큼 슬펐다
–「암묵적 긍정」 전문

전통이란 명목으로 승계되고 고착화된 전래문화처럼 우리 생활상의 대부분이 예전의 전통과 인습을 답습하는 것이라고 해도 과언이 아니다. 하지만 버려야 할 낡은 습관을 검토하지 않고 그저 답습하는 것과는 다르다.

'장사익의 찔레꽃을 귀에 차도록 담았더니, 슬픈 향기가 자꾸 입 밖으로 새나왔다'는 표현은 누구나 공감할 수 있는 이야기이지만 또한 누구나 체감할 수 있는 정서도 아니다. 노래 가사가 절로 흘러나올 만큼 들었다는 것은 그 노랫말에 이미 감화되었다는 것, 어떤 것에도 '절로'라는 건 없다. 자기의 의사를 밖으로 나타내지 않으면서 자신의 심정을 드러내는 방법으로 '암묵적暗默的'이라는 단어를 차용한 것이다. 무표정이나 침묵이 더 많은 내용을 숨기고 있듯이 '찔레꽃 향기가 왜 슬픈지도 모르면서 목 놓아 울 만큼 슬펐다'는 말은 단순한 긍정이 아니라 성찰이 담긴 수용이다. 능동성이 부족한 자신의 반성이기도 하고 생활의 대부분이 인습을 그저 답습하며 살아가는 현실의 안이성에 대한 비판이기도 하다.

흙먼지 털어내고
우묵한 돌확에 물 한 바가지 쏟아 부으니
누르고 있던 얼룩이 울컥한다

붉은 고춧물보다 맵고
익모초처럼 쓴 층층시하 시집살이
자그마한 돌확에 밀어 넣고
단단한 절구공이로 콩 콩 콩
수도 없이 찧었을 테지

설움과 울분 으스러져라 찧어댔을
돌확의 시퍼런 얼룩들
따뜻한 물로도 세제로도
쉽게 지워지지 않는다

요양원 정원에 우두커니 앉은 돌확
거뭇거뭇 얼룩진 얼굴, 얼굴들

—「돌확의 얼룩」 전문

인적 드문 겨울산은 음산하다
마른 가지를 툭툭 치며 아는 체를 하는
상수리나무숲 지나 내리막길

天자 닮은 저수지는 동안거 중

물비늘 뒤적이며 마음 내려놓던
새 떼들 남녘으로 보내고
긴 나무의자에 기대앉던 산 그림자도
산등성이 넘는 석양을 따라가고
언 입마저 닫아버린 천마지
일없이 던진 돌멩이 구르는 소리에
칼바람이 쨍쨍 운다

얼얼한 걸음 서둘러 내려선 공원 입구
이름표 팔락이는 파란 작업복
해고장 받아든 가장家長처럼
목구멍까지 차오르는 상처를 삼키고 있다

―「빈 소주병」 전문

은유적 표현을 위해 무심코 지나치게 되는 사물에서 모티브를 찾고, 그 사물에 빗대어 현재의 사회상을 조명하고 있다. 「투명인간」「갇힌 봄」「젖은 말」「빈 소주병」「장마」「네트워킹」 등 모두 사회적 병폐에 대한 올바른 도덕성과 확고한 신념을 보여준다.

주변과 일상에 대해 세심하지만 무례하지 않은 자신

의 성품을 유지하면서도 동류항이나 먼 이웃에 대한 시선을 가다듬는 모습에서 삶을 관조하는 시야가 밖으로 열려 있음을 알 수 있다.

죽도시장 중앙 넓은 골목에
보릿단처럼 둘둘 묶은 사내가 엎드려 있다

등허리인 듯 무릎인 듯 의지한 널빤지
볼륨 치켜 받든 찬송가에 어둠이 내리는데
동동거리며 지나는 발목들은 주인이 없다

엎드린 자와 서서 걷는 자 사이에
교감은 실종된 지 오래다

주름 잡힌 해를 떠나보내며
동전 한 닢의 오기도 심드렁한 파장 무렵
굶는 자도 없고 눈치 보는 가난도 없다는
선진국은 날로 상기되고
발목들의 주인은 여전히 가난해

바닥에 엎드린 사내가

사람들의 눈에는 보이질 않는다

―「투명인간」 전문

노량진 여성 전용 고시텔
호실마다 장미 채송화 모란 분꽃…
명찰을 달고 있다

스무 해 반을 넘기고도
피워보지 못한 봉오리

목마른 화분들 아직은 이름만 꽃

봄날은 또 간다

―「갇힌 봄」 전문

'투명'은 속까지 훤히 트여 맑은 것을 의미하지만 '투명인간'이라면 모습이 보이지 않는 것을 가리킨다. 굶는 사람 없고, 비굴한 가난도 없다는 선진국인데, 시장 바닥에 엎드린 지체 불구의 구걸이 외면당하는 이유는 무엇일까? 노량진 고시원에 꽃봉오리 같은 젊음을 묻고 있는 청춘들은 또 어떤가?

공놀이 하듯 가볍던 던진
아-가 나-로 번지고
어-가 너-로 읽혀졌다

바람에 말리고 볕에 말려도
보여줄 수 있는 건 뒷모습뿐

마음을 자르는 일은
암각화를 새기는 일

젖은 말에 다시 젖는다
나-가 아로
너-가 어로 번져간다

—「젖은 말」 부분

기다려보자
두릅이라고 뚝뚝 꺾어 데쳐 먹었던
도톰한 어린순이
주먹만 한 붉은 꽃을 피운 오월에야
모란인 줄 알았던 그때처럼

기다려보자

웅크리고 기다려보자
언젠간 덧난 상처자국마다
새순이 돋고 꽃이 필거야

—「오해」 부분

살다 보면 현재 나의 모습이 진짜인지 가짜인지 알지 못하는 사이에 사회의 모든 구성원은 상호의존하고 있음을 깨닫게 된다. 그래서 어떤 오해나 사소한 부딪힘에 대해 기다릴 줄 아는 인내심과 여유를 보여준다.

그리고 「누름돌」 「꽃팬티」 「녹두 스탬프」 등에서는 어머니의 삶을 인질로 하고 있었던 것이 무엇이었는지 깨닫게 된다. 어머니의 묵은 일기를 펼쳐보듯 딸은 평생에 걸쳐 어머니의 삶을 해독해낸다.

누가 켜놓았을까
공원 한쪽에 붉은 고추 열댓 개

햇살 퍼 나르는 바람 한 줄에
부스럭부스럭 몸 부비는 투명비닐
깜빡등을 켜는 붉은 고추에게

가야 할 방향을 일러준다
나도 어딘가 가야 할 사람처럼
손목시계를 자꾸만 자꾸만 들여다본다

—「방향 지시등」 부분

조였던 일상이 헐거워지는 시간
가슴은 붉나무 잎보다 더 붉게 물들고
욕망으로 헤진 마음 다 내려놓자며 올랐던
묵은봉

묵은 맘 없이 숲의 보석 뒤적이다 내려와서 보니
아뿔싸!
배낭 속에 가을이 가득하다.

—「묵은봉」 부분

「묵은봉」「방향 지시등」에서 보여주는 삶의 자세는 역시 현존에 대한 순응이다. 담담한 시선과 절제된 감정과 정서로, 실존적 이미지를 정갈하게 묘사하고 있다.

그의 시에서 돋보이는 점은 지극히 평범하고 순탄한 일상을 소재로 밝은 세상을 향한 긍정적 정서를 표명한다는 점이라 할 수 있겠다.

시를 쓰는 일은 과거와 미래에 대한 현재의 자신을 점검하는 일이기도 하다. 묵은 일기 같은 부모님의 평생을 해독해내기도 하고, 성공한 사람의 모습을 따라서 살기도 하고, 여유로운 삶을 따라 살기도 하면서 자신의 모습을 가꾸어 간다. 그리하여 인간에게 가장 중요한 자본인 시간과 지혜와 깨달음도 얻게 된다.

사회 제도를 벗어나지 않고도 자신을 속박하는 관습과 상식으로부터 자유로운 삶을 체득한 사람은 자신의 직무와 책임에 철저하다. 그리고 아무리 사소한 일에도 평화와 균형, 협동, 조화로움을 생각한다. 과도한 욕구를 가지지 않고, 주어진 만큼의 노력과 결과에 만족할 줄 아는 사람은 마음의 안정을 쉽게 잃지 않는다. 현재의 모든 일에 만족할 줄 아는 사람에게는 그런 평화로움과 확신이 흘러나오기 때문이다.

7, 8년 전 친한 동료를 따라 구경삼아 들른 강의실이 인연의 시작이었다. 무엇보다 보람된 일은 그 자신도 모르고 있었던 문학적 기질에 대한 자아발견이다. '늦깎이로 시작한 글쓰기, 애꿎은 연필만 자꾸 깎아댄다 –「늦꽃」 부분'에서 보여주었듯이, 인연과 순리에 수긍

하며 정직하고 성실하게, 넘치지 않고 모자라지 않게 자신에게 합당한 삶을 꾸리는 일은 결코 쉬운 일일 수 없다. 현재에 온전히 머무르기 위해 노력하는 사람이라면 살아 있다는 사실만으로도 행복해할 일이 아닌가.

유동승 시인은 그런 사람이기 때문에 딸이라는, 여자라는, 아내라는, 동료와 이웃이라는 역할에 충분히 성실했고, 늦깎이 시인으로도 자신을 충분히 꽃피울 수 있는 것이리라.